Inhalt

Bundling als Strategie zur Mehrwertgenerierung

Kernthesen

Beitrag

Fallbeispiele

Weiterführende Literatur

Impressum

GENIOS WirtschaftsWissen Nr. 01/2003 vom 10.01.2003

Bundling als Strategie zur Mehrwertgenerierung

M.Sydow

Kernthesen

- Produktbündelung kann zur Erzielung von deutlich höheren Renditen beitragen. (9)
- Die geschickte Kombination verschiedener Produkte in einem Paket erhöht die Kundenzufriedenheit und damit die Kundenbindung. (12)
- Eine erfolgreiche Bundlingstrategie erfordert die Analyse des Absatzmarktes. (8), (9)

Beitrag

Bündelung oder neudeutsch Bundling bedeutet die Zusammenfassung verschiedener Produkte und/oder Dienstleistungen zu einem Paket. Dieses bietet den Vorteil, dass es die Markttransparenz einschränkt und einen Preisvergleich für den Kunden erschwert. Unter der Prämisse geschickter Bündelung und Bepreisung kann ein Unternehmen mit dieser Strategie bis zu 30 Prozent mehr Rendite erwirtschaften. Ursächlich dafür ist eine bessere Abschöpfung der Zahlungsbereitschaft der Kunden.

Arten der Produktbündelung

Leistungspakete können nach Kern- und Zusatzleistungen unterschieden werden. Eine Basisleistung kann demnach durch einen Zusatz wie beispielsweise Information oder Beratung ergänzt und dementsprechend teurer vermarktet werden. Diese Leistungen können aus einem bestimmten Sektor stammen wie zum Beispiel der Telekommunikationsbranche oder auch eine Kombination von Leistungen aus unterschiedlichen Sektoren darstellen.

Letzteres zeigt sich in den von Premiere und seinen Online-Kooperationspartnern freenet und ADAC Online angebotenen Bundling-Paketen. Diese beinhalten einen Digital-Dekoder, der je nach Produktauswahl günstiger als im reinen Bundle von Premiere zu erhalten ist. Zuletzt kann noch nach einem dritten Kriterium unterschieden werden. Entscheidend ist hierbei, ob die Leistung nur als Bündel (reine Bündelung) oder auch einzeln (gemischte Bündelung) verkauft wird. [1]

Vorteile für den Anbieter

Durch Bündelung kann der Anbieter oft seinen Distributions- und Marketingaufwand reduzieren. Neben dieser Effizienzsteigerung lassen sich allerdings auch Synergieeffekte erzielen, von denen der Kunde in Form von Rabatten profitieren kann. Außerdem kann ein durch das Bundling verstärktes Cross-Selling eine Absatzsteigerung zur Folge haben. Im Versicherungsbereich kann dies beispielsweise durch den Verkauf eines Paketes mit Unfall-, Haftpflicht- und Hausratversicherung erfolgen. So können verkaufsschwache Produkte wie die Hausratversicherung unterstützt werden.

Zusätzlich fördert diese Verkaufsstrategie die Kundenbindung, da laut empirischen Studien ein Wechsel bei umso größerer Abnahme von Produkten von einem Abnehmer immer unwahrscheinlicher wird. Schließlich kann die Kundenzufriedenheit gesteigert werden, da der Kunde sich aufwändige Recherche und Transaktionskosten erspart.

Kriterien für ein erfolgreiches Bundling

Die Strategie der Bündelung muss nicht zwingend zum Erfolg führen. Entscheidend ist die Kombination der zu bündelnden Produkte. Ein verkaufsstarkes Produkt kann mit einem verkaufsschwachen Produkt ein Paket bilden. So kann beispielsweise im Bankensektor ein Girokonto mit einem kostenlosen Online-Portfolio verbunden oder eine Mitgliedschaft im Miles&More Programm der Lufthansa mit einer Kreditkarte von Visa gekoppelt werden.

Bevor so genannte Bundles auf den Markt gebracht werden können, müssen die jeweiligen Markt- und Produktgegebenheiten analysiert werden. Danach kann ein Liste interessanter Produkte und/oder Dienstleistungen aufgestellt werden. Nach einer ersten Schätzung über eine Globalanalyse auf der Basis von Fokusgruppen empfiehlt sich eine Feinanalyse der potentiellen Pakete.

Hinsichtlich der Bestimmung der Preisstruktur und

des Preisniveaus sind mehrere Faktoren zu beachten. Bei der Preisstruktur muss entschieden werden, ob das Bündel nur zu einem Preis oder je nach Stückzahl und Art der Abnahme preislich gestaffelt abgesetzt wird. Die Ermittlung eines geeigneten Preisniveaus sollte mittels fundierter Marktforschung unterstützt werden. (12)

Wettbewerbsrechtliche Aspekte

Das Wettbewerbsrecht setzt den Möglichkeiten des Bundling Grenzen. Speziell das Gesetz gegen den unlauteren Wettbewerb (UWG), welches über die Einhaltung der guten Sitten und irreführende Werbung wacht, ist zu beachten. Diese Vorschriften treten vor allem bei der Kombination von einem Hauptprodukt mit einem Lockprodukt in Kraft. Die Aufgabe von letzterem ist, die Verkaufszahlen des Hauptproduktes anzukurbeln.

Zudem regelt das Gesetz gegen Wettbewerbsbeschränkungen (GWB) den Missbrauch von Marktmacht und die Diskriminierung einzelner Kundengruppen. Ein Anbieter, der seine Monopolstellung im Markt durch Produktbündelung ausnutzt, kann so in seine Grenzen gewiesen werden.

Fallbeispiele

Mit Hilfe der Kooperationspartner Hewlett Packard und der Softwarefirma Sage KHK will die Deutsche Post die Präsenz ihrer Internet-Briefmarke verstärken. Diese erlaubt es, Briefsendungen mit einem virtuellem Wertzeichen zu frankieren. Die dafür benötigte Frankiersoftware wurde von den beiden Partnern entwickelt. Ein Produktbündel, welches von den drei Firmen angeboten wird, beinhaltet einen Hewlett Packard Laserdrucker und die Frankiersoftware. (3)

Einer der führenden Anbieter transaktionsorientierter Middleware, Bea Systems, versucht seinen Nachteil, keine Hardware anzubieten, gegenüber der Konkurrenz wie Sun Microsystems oder IBM auszugleichen. Mit Kooperationspartnern geschaffene Bundling-Pakete sollen dieses Defizit kompensieren. So bietet Bea Systems in Kooperation mit Hewlett Packard eine Testversion von Weblogic mit dem HP-UX 11i an. (5)

Nach der völligen Liberalisierung des österreichischen Strom- und Gasmarktes setzt der niederösterreichische Landesversorger EVN auf

Komplettversorgung oder neudeutsch Multi-Utility. Dementsprechend versucht er sich als Universalanbieter für Energie und Infrastruktur zu positionieren. Dabei werden beispielsweise Strom-, Gas-, Wärme- und Wasserprodukte als Bundle oder einzeln angeboten. (7), (11)

Der drittgrößte Stromerzeuger Englands, Powergen, der von dem deutschen Versorger Eon übernommen wurde, bietet ein Produktbündel aus Gas und Strom an. Durch den Absatz im Bündel lassen sich Skaleneffekte erzielen. Dennoch ist eine Ausweitung der Palette auf Wasser nicht geplant. (6), (10)

Die Multi-Utility-Strategie des Versorgers RWE ist differenziert zu betrachten. Das Ziel der Versorgung mit Strom, Gas und Wasser aus einer Hand, einzeln oder in Form von Produktbündeln, ist nach Ansicht von Marktbeobachtern an den Bedürfnissen des Marktes vorbeigegangen. Der Vorstand sieht allerdings unter Berücksichtigung der Bilanzzahlen des letzten Jahres seine Multi-Utility-Strategie bestätigt. Denn das Kerngeschäft mit Strom, Gas und Wasser entwickelt sich gut. (8), (9)

Die umstrittene Bündelung von Softwareprodukten durch den Softwarekonzern Microsoft konnte durch das Kartellverfahren gegen das Unternehmen nicht aufgehoben werden. Zudem wurde der Vorwurf der illegalen Kopplung von Produkten nach einer Entscheidung des US-Justizministeriums fallen gelassen. (13)

Weiterführende Literatur

(1) X-Mas-Pakete von Premiere, medien aktuell, 04.11.2002, S. 12
aus Lebensmittel Zeitung 33 vom 16.08.2002 Seite 042

(2) Logistiker schlampen bei Vertrieb und Preispolitik, DVZ, 12.11.2002
aus Lebensmittel Zeitung 33 vom 16.08.2002 Seite 042

(3) Mittelstand soll digital stempeln
aus Lebensmittel Zeitung 41 vom 11.10.2002 Seite 057

(4) Open-Source-Konkurrenz wird zu groß, Prognose: Microsoft kommt an Linux nicht vorbei, Computerwoche, 20.12.2002, S. 1
aus Lebensmittel Zeitung 41 vom 11.10.2002 Seite 057

(5) Java-Primus liefert wieder bessere Quartalszahlen, Computerwoche, 22.11.2002, S. 28
aus Lebensmittel Zeitung 41 vom 11.10.2002 Seite 057

(6) Der britische Elektrizitätsmarkt mutiert zur US-freien Zone Amerikanische Adressen flüchten - Eon, RWE und EdF schwingen das Zepter - Die geduldige Multi-Utility ist gefragt
aus Börsen-Zeitung, 24.10.2002, Nummer 205, Seite 13

(7) Österreichs EVN setzt auf Multi-Utility Der Konzern rechnet mit neuen Chancen in Osteuropa
aus Neue Zürcher Zeitung, 14.12.2002, Nr. 291, S. 27

(8) Bein, Hans-Willy, RWE-Konzern steht vor einem massiven Umbau, Süddeutsche Zeitung, 30.11.2002, S. 24
aus Neue Zürcher Zeitung, 14.12.2002, Nr. 291, S. 27

(9) Bei RWE schmälern Firmenwertabschreibungen den Gewinn
aus Frankfurter Allgemeine Zeitung, 14.11.2002, Nr. 265, S. 23

(10) Powergen rollt Strommarkt auf Eon-Tochter kauft sich via TXU Europe in die britische Stromverteilung ein
aus Börsen-Zeitung, 22.10.2002, Nummer 203, Seite 9

(11) Gillinger, Robert, Wenn schon Strom, dann Verbund, WirtschaftsBlatt, 22.10.2002, S. A9
aus Börsen-Zeitung, 22.10.2002, Nummer 203, Seite 9

(12) Produktbündelung - eine viel versprechende Mehrwertstrategie
aus Versicherungswirtschaft, 15.8.2001, 56.Jg., Nr. 16, S. 1278

(13) US-amerikanisches Gericht genehmigt Vergleich mit Microsoft, Gates feiert späten Sieg im Kartellprozess, Computerwoche, 08.11.2002, S. 14
aus Versicherungswirtschaft, 15.8.2001, 56.Jg., Nr. 16,

S. 1278

Impressum

Bundling als Strategie zur Mehrwertgenerierung

Bibliografische Information der deutschen Nationalbibliothek

Die Deutsche Nationalbibliothek verzeichnet diese Publikation in der deutschen Nationalbibliografie; detaillierte bibliografische Daten sind im Internet über http://dnb.d-nb.de abrufbar.

ISBN: 978-3-7379-1180-1

© 2015 GBI-Genios Deutsche Wirtschaftsdatenbank GmbH, Freischützstraße 96, 81927 München, www.genios.de

Alle Rechte vorbehalten. Dieses Werk ist einschließlich aller seiner Teile – z.B. Texte, Tabellen und Grafiken - urheberrechtlich geschützt. Jede Verwertung außerhalb der Grenzen des Urheberrechtsgesetzes bedarf der vorherigen Zustimmung des Verlags. Dies gilt insbesondere auch für auszugsweise Nachdrucke, fotomechanische Vervielfältigungen (Fotokopie/Mikroskopie), Übersetzungen, Auswertungen durch Datenbanken oder ähnliche Einrichtungen und die Einspeicherung und Verarbeitung in elektronischen Systemen.